TEN HISTORIAS QUE CONTAR, NO COSAS QUE MOSTRAR

Instrucciones para la vida

Fernando Barrenechea

Ten historias que contar, no cosas que mostrar

Instrucciones para la vida

Fernando Barrenechea

bubok
EDITORIAL

© Fernando Barrenechea
© Ten historias que contar, no cosas que mostrar. Instrucciones para la vida

Febrero 2024

ISBN papel: 978-84-685-8049-4
ISBN ePub: 978-84-685-8050-0

Depósito legal: M-5255-2024

Editado por Bubok Publishing S.L.
equipo@bubok.com
Tel: 912904490
Paseo de las Delicias, 23
28045 Madrid

A Fernando, a quien admiro y de quien aprendo todos los días. En cada frase de este libro encontraras amor, sueños y la sabiduría que he podido ir atesorando para ti. Espero que estas páginas te inspiren en tu propio viaje, que es solo tuyo.

Introducción

Vine al mundo un año después del alunizaje de Neil Armstrong, algo que sin duda aquellos que me conocen saben que marcó mi vida.

Esto determina, junto las decisiones tomadas, los viajes realizados, los libros leídos, los proyectos emprendidos, las relaciones mantenidas, las películas vistas, entre otras muchas cosas, en gran parte quien soy y mi visión del mundo. Un mundo que ya no existe y ha sido sustituido por otro, no sé si mejor o peor.

Cuando era un niño, en casa aprendí a mirar a los ojos y a dar la mano o un beso en función de la ocasión, a decir "Por favor" y "Gracias" en cada oportunidad razonable, a no hablar con la boca llena ni masticar con la boca abierta, a hablar en voz baja, a sostener la puerta y ceder el paso a niñas y adultos, ... En general, aprendí modales y educación, a ser un pequeño caballero, o al menos a actuar como tal. Esta actitud, por supuesto no duró. A medida que fui creciendo, dejé poco a poco mucho de lo aprendido y me volví un rebelde sin más causas que unas hormonas que nos vuelven entre otras cosas imbéciles. La única vez que alguien me llamo caballero en aquella época fue un profesor que me dijo "¿Quizás al caballero de la última fila le gustaría compartir su pequeña broma con todos nosotros?".

A lo largo de los años y de las experiencias vividas empecé valorar lo importante de la vida, que en muchos casos tenía que ver con el concepto de ser un caballero, un concepto hoy prácticamente limitado a las puertas de los baños.

Obviamente no me considero un sabio para dar consejos, pero sí una persona resuelta y práctica que a raíz de ser padre y ante la posibilidad de no estar el primer día de universidad de mi hijo, el día que sufra su primer desamor, o el día que decida abandonarlo todo para recorrer un año el mundo él solo, se atreve a recopilar pensamientos y recomendaciones útiles y desordenados que le sirvan a mi hijo el día que le falte.

Me ha parecido una buena idea realizar una recopilación de cuestiones que le pueden inspirar y ser útiles a él y a otros muchos. Son lecciones que he ido aprendiendo y que espero influyan de manera positiva en la vida de otros, independientemente del camino que tomen.

Las recomendaciones de este libro no siguen un orden determinado, así que le invito a que empiece por donde desee y se vaya moviendo a través del libro a su gusto.

Gracias por leerme, espero que le inspire a vivir mejor.

Fernando Barrenechea

Ten historias que contar, no cosas que mostrar

1. Ten historias que contar, no cosas que mostrar.

2. Haz todo lo posible para asegurarte de que nunca harás llorar a nadie. A menos que sean lágrimas de felicidad.

3. El baile y la cocina son dos de las principales armas de seducción.

4. Piensa lo que dices y di lo que quieres decir.

5. No trates de comprar la felicidad, las cosas realmente valiosas como el amor, la risa o, la pasión, no tienen precio.

6. La educación y el civismo simplifican la vida de las personas y al contrario de lo que algunos creen esnobs, son todo lo contrario, son igualitarias y gratis para todos.

7. La honestidad con tacto es siempre la mejor política.

8. Cualquier cita inventada, pronunciada con convicción, tiene muchas posibilidades de ser creída.

9. A veces en una discusión o conversación, tendrás que elegir entre tener razón o ser feliz. Especialmente, si se trata de una discusión con la mujer a la que amas.

10. No difundas rumores ni hables mal de los demás.

11. Las redes sociales y lo digital no son la vida real.

12. Trabaja duro por aquello que merece la pena.

13. Demuestra siempre que la caballerosidad no está muerta y no es una cuestión anticuada.

14. Los atajos no existen, todo lo que merece la pena requiere esfuerzos.

15. Trabaja para tus lujos, tus logros te sabrán más dulces.

16. Conviértete en el hombre que te gustaría para tu hija.

17. Haz que los demás sientan que son el centro de atención y evita serlo tú.

18. El estilo no es una fórmula matemática, si no una ecuación individual en la que cada uno debe espejar su incógnita de manera personal.

19. Aprende a bailar.

20. Cuando bailes hazlo de manera apropiada y de acuerdo con tu edad. A nadie le gusta ver a un hombre adulto perrear o bailar haciendo *moon-walk*. Tus dominios deben ser el baile romántico en pareja con un juego de pies digno de Fred Astaire, practícalo.

21. Deja las personas, los lugares y las cosas mejor de como las encontraste.

22. Confirma siempre tu asistencia.

23. Nunca, jamás, dejes colgado a tus seres más cercanos y queridos.

24. En tus "paraísos" no hagas negocios, acabaras odiándolos.

25. Aprende la diferencia entre confianza y arrogancia.

26. Mantén siempre la mente abierta.

27. Recuerda que el ingenio agudo puede ganar cualquier discusión.

28. Nunca seas obstinado, estate siempre dispuesto a aprender y ampliar tu visión del mundo.

29. Cada pequeña cosa que ocurre en tu vida te está mostrando algo.

30. Convierte en un auténtico maestro de la cocina, artista de la improvisación, desde lo más sencillo hasta lo más sofisticado, te ganaras el cariño de amigos, amantes y suegros por igual.

31. No pierdas el tiempo con personas que no merecen la pena, el tiempo es lo suficientemente valioso como para que no lo malgastes.

32. Si alguien te quiere en su vida te abrirá un hueco, tuya es la decisión de ocuparlo o no.

33. Guarda los secretos de la familia, entre ellos la receta del flan.

34. Aléjate de las personas toxicas, solo te traerán malestar a tu vida.

35. Las grandes cosas tienen pequeños comienzos.

36. Nunca mientas. Únicamente es aceptables cuando a) involucra a Papá Noel, Los Reyes Magos o el Ratoncito Pérez, o b) una mujer ha tenido una visita cuestionable a una peluquería o en la elección de su atuendo.

37. A una mujer siempre ofrécele tu asiento, ábrele la puerta y ayúdala con los objetos pesados.

38. Nunca juzgues. Los juicios rápidos dicen mucho más sobre la persona que los hace que sobre las personas que realmente están siendo juzgadas.

39. Si hay algo colgando en tu armario que no te gustaría usar para siempre, deshazte de ello.

40. Saluda siempre con un apretón de manos firme haciendo contacto visual.

41. Una vez al año visita un país o ciudad en el que nunca hayas estado.

42. Sacrificar la comodidad de uno es un acto de innegable de atención y desinterés.

43. Esfuérzate en tu apariencia. Mantente limpio, duchado y arreglado.

44. Bucea con tiburones al menos una vez en tu vida.

45. Contempla el amanecer tantas veces puedas.

46. Mira a los demás a los ojos.

47. Es pretencioso creer que uno es arbitro del buen gusto, sé modesto y equilibrado en tus juicios.

48. Canta y baila con la persona a la que amas.

49. Utiliza la cubertería de plata siempre que puedas.

50. Compra libros bonitos.

51. Viste zapatos de calidad siempre relucientes.

52. No abuses del uso de zapatillas. No son apropiadas en todas las ocasiones.

53. La moda es una industria y marketing, el Estilo cultura. Opta siempre por la cultura frente al marketing y las tendencias pasajeras.

54. Nunca uses ropa ajustada.

55. Si tienes alguna manía, al menos que sea divertida. Como la coreomanía que implica la necesidad imperante de bailar.

56. El buen vestir hace al hombre, la gente "desnuda" tiene poca influencia en la sociedad.

57. Apuesta siempre por la calidad frente a la cantidad.

58. Sólo tú puedes escribir tu futuro.

59. El dinero no puede comprar el Estilo, al contrario, puede destrozarlo. Opta siempre por la simplicidad y la calidad.

60. Cómo vistes cuenta una historia de quién eres, o quien quieres ser. Se consciente de ello.

61. Una de las mejores maneras de descubrir cómo es una persona es viajar con ella.

62. Enseña a los demás. Imparte algún tipo de enseñanza.

63. Nunca hables sobre enfermedades, a no ser que el otro tenga una especial preocupación.

64. Nunca alardees. Sencillamente deja que tu estatus sea una obviedad.

65. Nunca vayas desaliñado.

66. Ten un descapotable al menos una vez en la vida.

67. Guarda secretos.

68. Nunca te enfurezcas y si lo haces, que no se note.

69. Nunca subas la voz, mejora tus argumentos.

70. Sé un buen cocinero. Una habilidad encantadora que te asegurará no pasar hambre y te hará ganar el cariño de los demás.

71. Vota en las elecciones y hazlo sabiamente.

72. Protege tu salud.

73. Respeta por igual a los amantes de la tortilla de patata con o sin cebolla.

74. Nunca te cierres ninguna puerta. Excepto si esta merece un gran portazo.

75. No envidies lo que otros tienen, trabaja para ganártelo.

76. Pocas veces en tiempo real somos conscientes de lo felices que somos. Disfruta los momentos.

77. En los negocios recuerda que los más importante es la confianza.

78. No fumes.

79. Nunca inviertas en bolsa más de lo que estás dispuesto a perder.

80. Vive un verano subido en una vespa en una isla.

81. No bebas. Si lo vas a hacer hazlo con mucha moderación.

82. No busques tu felicidad en otras personas, esta empieza siempre en ti.

83. Asiste a las reuniones de antiguos alumnos del colegio, la universidad, la escuela de negocios, ...

84. Jamás empieces un negocio con alguien en quien no confíes.

85. Anda todos los días al menos veinte minutos.

86. Regala flores, escribe una nota que las acompañe.

87. Sonríe mucho y de manera sincera.

88. Deja que te pasen cosas, para sentirte vivo.

89. Nunca digas palabras mal sonantes.

90. Resiste la tentación de comprarte un barco, te arrepentirías. Deja que lo haga un amigo y disfrútalo.

91. No apuestes por quien no trabaja por construir un mundo mejor.

92. Utiliza el Usted cuando se deba. Es norma de respeto, educación y cortesía.

93. Acuérdate de los nombre de las personas.

94. Viaja, viaja sin parar, acompañado, solo, en familia, con amigos, enamorado, ...

95. Nunca te endeudes más de lo que puedas asumir

96. Aprende a jugar a los bolos.

97. Ten entre tus amistades un magnífico médico, abogado, mecánico y fontanero.

98. Trabaja por ser excelente no perfecto.

99. Nunca desprecies tu país.

100. Huye de las personas negativas y toxicas.

101. No permitas que el narcisismo de un *selfie* no te permita disfrutar del arte o de la naturaleza que te rodea.

102. Lee todo aquello que requiera tu firma.

103. Sé curioso.

104. Leer es una práctica que nutre tu mente y enriquece tu vida.

105. No permitas que el teléfono te impida disfrutar de momentos importantes.

106. Aprende de tus errores y sigue adelante.

107. Elogia en público, critica en privado.

108. Evita dar consejos sobre relaciones, finanzas o estilo personal

109. Nunca pagues un trabajo cien por cien por adelantado. Menos si se trata de una obra.

110. Lávate los dientes antes de ponerte la corbata.

111. Ganar la guerra implica perder batallas, recuérdalo.

112. Rodéate de personas más inteligentes que tú.

113. Cuando conozcas a alguien evita preguntarle a que se dedica. Disfruta de sus compañía antes de ponerle ninguna etiqueta.

114. Mira a las estrellas tantas veces como tengas ocasión.

115. Sé empático. Trata de ver el mundo desde el lado de los demás.

116. No destruyas puentes, quien sabe si tendrás que volver a cruzar ese rio.

117. Alquila el coche que te gustaría tener.

118. Toma decisiones, aunque te equivoques.

119. Dedica de manera personalizada los libros que regales.

120. Presta atención a los detalles.

121. Los libros existen para ser leídos.

122. Aprende a seleccionar el vino, adaptándolo a cada situación.

123. Opina siempre con rigor y con mesura. A veces, el margen entre defender una tesis y ser un payaso que suelta chistes malos es muy estrecho. No seas cuñado.

124. Reserva tiempo para la persona a la que quieres.

125. Rehúye los pleitos.

126. Lee y canta a tus hijos.

127. Sé honrado.

128. Asiste a todos los eventos de tus hijos.

129. Viste formal cuando vueles en avión. Es una muestra de educación a los demás y tienes más probabilidad de conseguir un *upgrade*.

130. Nunca compres un coche de color rojo.

131. Muéstrate agradecido con la vida y con lo que tienes.

132. Construye Legos.

133. No confundas valor con precio.

134. Cuida y llama tu madre con frecuencia.

135. Cuida y llama a tu hermana.

136. No hay nada más atractivo e interesante que ser uno mismo.

137. Nunca dejes de sorprenderte.

138. Busca la inspiración en el arte, el cine y los libros.

139. Ama siempre profunda y apasionadamente. Aunque no lo merezcan.

140. Haz el ángel con tus hijos en la nieve.

141. Salta charcos.

142. Invierte en tu desarrollo personal y profesional, es un viaje continuo que te dará dividendos a lo largo de tu vida.

143. La vida es demasiado corta como para vivirla tristemente, pon pasión y alegría en todo lo que hagas.

144. Si no te gustan las montañas rusas no te subas a ellas.

145. Duerme bajo los estrellas al menos tres veces en la vida.

146. Aprende a navegar.

147. El gasto demostrativo, ostentoso y exagerado no significa estatus ni admiración. Simplemente muestra la falta de buen gusto y desenmascara complejos.

148. Aprende a reconocer los héroes.

149. Aléjate de los narcisistas.

150. Nunca rompas una tradición por absurda que esta te parezca.

151. No dejes que las emociones influyan en tus decisiones de inversión. La avaricia y el miedo son malos consejero.

152. Nunca pidas dinero prestado.

153. No admires a las personas por lo que tienen si no por lo que han llegado a ser

154. Entiende el concepto del ahorro antes de comenzar a invertir.

155. Visita con frecuencia librerías y bibliotecas.

156. Disfruta cada lectura.

157. Tu tiempo es valioso, no tengas problema en abandonar los libros que no te enganchan. Dedícalo a los que merezcan la pena.

158. Lleva siempre un regalo personal para los anfitriones cuando te inviten a una cena o fiesta.

159. Nunca te dejes fotografiar de manera indecorosa.

160. No te cases con una mujer que tus padres no aprueben. Estarás acertando.

161. No hagas tuyos los problemas de otros.

162. Si tener un piano no te convierte en pianista, el vestir elegante y apropiadamente no te convierte en un caballero con estilo.

163. Te van a hacer daño, es inevitable. No por ello vivas con una coraza puesta.

164. Nunca te subas en ningún tipo de vehículo que conduzca una persona que haya estado bebiendo.

165. Nunca pierdas la ocasión de bailar con tu mujer.

166. No creas que un equipamiento caro y de una gran marca va a suplir tu falta de talento en un deporte.

167. Pasa tiempo escuchando la música que te gusta.

168. Nunca tengas mejor coche o casa que tu jefe. O al menos que no lo sepa.

169. Nunca amenaces. Si vas a actuar, actúa.

170. Dinero no es sinónimo de éxito.

171. Nunca celebres un cumpleaños sin una tarta.

172. No tengas miedo de cometer errores al aprender otro idioma, practicarlo es la mejor manera de aprender y mejorar.

173. La mejor herencia que le puedes dejar a tus hijos es su educación y unos solidos valores.

174. A veces el silencio es la mejor respuesta.

175. Compra tu casa en un piso alto con vistas.

176. Confía en Dios, pero esfuérzate para ganarte esa confianza.

177. Sorprende a viejos amigos y familiares con llamadas inesperadas.

178. La importancia de la cortesía se hace evidente cuando no se usa.

179. Muestra siempre un espíritu abierto dispuesto a aprender ampliando tu visión del mundo en cualquier ámbito, desde la desregulación del comercio de aceitunas hasta cómo preparación de un pisco sour.

180. Aprende a seleccionar la fruta.

181. No esperes a estar 100 % preparado para tomar decisiones. Probablemente nunca lo estés y la oportunidad cuando la tomes ya haya pasado.

182. Evita el consumismo absurdo, no es más que una vía de escape a las frustraciones.

183. Lee. Un buen libro te dejará huella, abrirá tu mente, te invitará a evadirte e imaginar aventuras y contribuirá a crear opiniones propias.

184. Sé flexible en el entorno dinámico que vas a vivir. Muéstrate siempre abierto al cambio.

185. Aprender a superar las derrotas, es lo que te llevará más cerca del éxito.

186. Cultiva una mentalidad que vea la retroalimentación como una oportunidad de mejora en lugar de como una crítica.

187. Acepta los desafíos con una actitud positiva y toma los contratiempos como oportunidades.

188. Asume roles de liderazgo no por demostrar tus capacidades sino porque te posiciona como alguien que puede impulsar el cambio positivo.

189. Sé integro, es un elemento clave del éxito a largo plazo.

190. Recuerda que hay más de una manera de hacer las cosas, sé flexible y creativo.

191. Aprende a pasar página.

192. Pide consejo cuando lo necesites, pero sé consciente de que tu vida es tuya y tendrás que tomar tus decisiones.

193. Sé consciente de que a lo largo de tu vida vas a cambiar. Lo que hoy quizás te parezca una verdad, en unos años te puede parecer una estupidez.

194. Acaba lo que empieces.

195. Aprende a decir no, es mucho más difícil que decir sí.

196. Ten frutales.

197. Sé fiel a tus valores, familia, pareja y sobre todo a ti mismo.

198. Escribe, te dará perspectiva. Las cosas son más fáciles cuando se ven en papel.

199. Dedícale tiempo a la creatividad ya la innovación, aparte de hacerte sentir bien, son piezas claves de la generación de valor en cualquier ámbito

200. Nunca le digas a un hombre que se le está cayendo el pelo. Ya lo sabe.

201. La sociedad está llena de personas que conocen el precio de todo, pero el valor de nada. No seas uno de ellos.

202. Hazte cargo de tus errores y busca una solución para ellos.

203. Te puede encantar tu trabajo, pero si no te lo pagan no te divertirás

204. La sociedad es un espectáculo inteligente con demasiados tontos.

205. No aceptes nunca un comportamiento inaceptable hacia ti o hacia los demás.

206. Recuerda que lo correcto no siempre es lo más popular.

207. Aprende a coser.

208. Un hombre de Estilo se viste para él, no para los demás.

209. Nunca contrates a alguien a quien no invitarías a cenar.

210. Gasta bromas el día de los inocentes.

211. Nunca te hagas un tatuaje.

212. Una vida sin errores y sin avergonzarse es una vida, entre otras muchas cosas, muy aburrida.

213. Nunca culpes a los demás. Responsabilízate de los errores de tu vida.

214. Aprende a tocar un instrumento y crea un grupo.

215. Recuerda que los medios de comunicación son poco objetivos, crea tus propias opiniones.

216. Nunca abras un restaurante o un bar.

217. Recuerda y recuérdame que debes vivir tu propia vida, no vivir la vida que yo creo debes vivir.

218. Cree en la suerte, pero no dependas de ella.

219. Dile a tu mujer a menudo que esta guapísima.

220. Nunca compitas por ser mejor que otro, compite por ser mejor tú mismo cada día.

221. No olvides que la práctica hace al maestro, pero la práctica de ver la televisión no te va a convertir en maestro de nada.

222. No te compares con los demás.

223. Haz tus amigos antes de que los necesites.

224. Da gracias todos los días por la vida privilegiada que tienes.

225. Lidera con el ejemplo.

226. Quédate con quien te invite a viajar.

227. Cuida tus relaciones personales y esfuérzate por mantenerlas saludables.

228. La mayoría de las noticias son ruido, no noticias.

229. Si tu intuición te dice que algo no es correcto, síguela.

230. Elige sabiamente a tus amigos.

231. Manifiéstate inconformista cuando sea necesario predicando tus valores con seguridad.

232. Con la edad conformarás un mayor espíritu crítico, tendrás más criterio y experiencia, saca valor de ello.

233. Perdona con rapidez.

234. Comparte tus conocimientos y experiencias.

235. Nunca opines sobre el peso de nadie.

236. La gastronomía no está para alardear, lo está para crear grandes momentos.

237. No escales montañas para que todo el mundo te vea, sino por ti.

238. Aprende a descorchar una botella de vino con un zapato.

239. Ve al cine tanto cuanto puedas.

240. No compres demasiada ropa, sé responsable ambiental y socialmente. Crea un guardarropa de calidad, excelente y bien hecha proveniente de una marca comprometida con la sociedad y con el medio ambiente.

241. Aprende a comer pescado.

242. No te sientes mientras haya señoras de pie.

243. Practica con frecuencia el ritual de un desayuno hedonista en un lugar bonito.

244. Cuando tu madre te dice "abrígate", probablemente tenga razón, hazle caso.

245. Nunca critiques a tus amigos o a las personas que quieras, aunque tengas motivos.

246. Conoce a los amigos de tus hijos.

247. Susúrrales a tus hijos mientras duermen "te quiero".

248. Llama al menos una vez en la vida a un programa de radio.

249. Escribe una carta al director de un periódico.

250. Pasea con tu mujer de la mano.

251. Juega y baila bajo la lluvia.

252. Ten un globo terráqueo, o muchos.

253. No comas a oscuras, no sabrás que estás tragando.

254. Cómprale un regalo a tu madre con tu primer sueldo.

255. Juega al Monopoly con tu familia política te revelara mucho sobre ellos.

256. Acepta el triunfo y la derrota con la misma elegancia.

257. Nunca regales una mascota.

258. Sé un buen ejemplo para tus hijos y sus amigos.

259. Impulsa la creatividad y la autoestima de tus hijos.

260. Planta un árbol, o mejor varios.

261. Los grandes retos en la vida te darán miedo, pero más te dará el arrepentirte de no haberlos tomado.

262. Córtate las uñas a solas.

263. Si tu modo de actuar esta fuera de sintonía con tus tiempos, aunque te hagan sentir como un mojigato o un esnob, no cambies en nada para adaptarte a una concepción que creas equivocada.

264. En mucha ocasiones somos miopes respecto a lo que tenemos más cerca. Trata de mantener la perspectiva

265. Cuando vayas a comprar una maleta recuerda que en algún momento tendrás que cargar con ella.

266. No pierdas la oportunidad de viajar con tu madre.

267. No te califiques como nada (escritor, caballero, artista, ...) pues son términos, al igual que el de poeta, que solo tienen valor si los aplican otras personas.

268. Escribe una nota de agradecimiento al profesor de tus hijos.

269. Regala libros.

270. No uses los dientes para abrir cosas.

271. Cuando pierdas hazlo con elegancia.

272. No pierdas el tiempo con las personas que critican.

273. Valora y agradece cualquier regalo.

274. En cualquier situación nunca parezcas aburrido, aunque lo estes. Tienes suficiente imaginación para crearte una historia que te evada.

275. Busca activamente nuevos desafíos que impulsen tu curiosidad intelectual, equilibrio mental y bienestar emocional.

276. Nunca cotillees en las circunstancias personales de nadie, ya te lo contaran tus interlocutores sin esfuerzo.

277. Aprende a comer con palillos.

278. Planta más flores de las que recojas.

279. Al aprender un idioma aprende también la cultura asociada, te ayudará a comprenderla mejor y a conectar de manera más profunda.

280. Nunca dejes de perseguir tus sueños.

281. El amor es como un rompecabezas. Se construye poco a poco.

282. Las buenas preguntas siempre superan a las respuestas fáciles.

283. Sé consciente de tus propias necesidades y limitaciones.

284. Cuando encuentres a alguien especial, no trates de cambiarlo.

285. No temas al desamor. Cada fracaso es una lección que te acerca un paso más a encontrar a la persona adecuada.

286. No adivines lo que la otra persona está pensando, si tienes dudas pregúntale y escúchala con atención.

287. Recuerda que tus padres están siempre ahí para escucharte, apoyarte y brindarte amor incondicional.

288. No huyas de los libros clásicos, han resistido el paso del tiempo por una poderosa razón.

289. Viajar es de las pocas cosas que puedes comprar que te hará rico.

290. Nunca dejes de sorprender y apreciar a la persona que amas. Las pequeñas sorpresas y muestras de cariño mantienen la chispa viva.

291. El mayor *influencer* de tus hijos eres tú, edúcalos con el ejemplo.

292. Mantén siempre un equilibrio entre tu vida profesional y personal. No te sobre exijas ni te aísles.

293. Nunca inviertas en un negocio que no puedas entender.

294. Si has invertido correctamente, ningún momento será bueno para vender.

295. Ve pasar las nubes bajo tus pies siempre que tengas ocasión.

296. Las oportunidades surgen con poca frecuencia. Cuando surjan aprovéchalas.

297. Cuidado con los aplausos, los exitosos suelen ser silenciosos.

298. Ordeña una vaca al menos una vez en tu vida.

299. Nunca confíes en exceso en tus socios, solo descubres quién nada desnudo cuando baja la marea.

300. La discreción es un valor que recuperar.

301. No te rindas, no te tomes nada personalmente y si estás convencido, no aceptes un no por respuesta.

302. Busca oportunidades de aprendizaje en todo.

303. La gente quiere hacer negocios con alguien que les gusta. Si agradas a la gente, querrán hacer negocios contigo.

304. Contrata buenas personas con las que te sientas bien trabajando y complementen tus debilidades.

305. La discreción es un valor que recuperar.

306. Los mails y wasaps pueden esperar, la vida no. Disfruta los momentos.

307. Recorre Baja California, disfruta sus viñedos y el Mar de Cortés,

308. La confianza es como un hilo fino, una vez se rompe es imposible volver a unirlo.

309. Respeta a los mayores y reconóceles lo que han hecho, en la mayoría de los casos, para que puedas vivir en esta sociedad.

310. Brinda con frecuencia.

311. Vive una noche de San Juan en el Puerto de Oporto.

312. La comunicación más efectiva es siempre en persona. Olvida a veces las llamadas telefónicas, los mensajes o los correos electrónicos y siéntate a hablar con quienes trabajas.

313. Siéntete orgulloso de donde has nacido.

314. No abandones el teatro, te enseñará muchas cosas de la vida, entre ellas a interpretar.

315. Si se trata de saludar, a no ser que te conviertas en jugador de la NBA, limítate a dar la mano o un abrazo de una manera que tu abuelo reconocería.

316. Siéntete libre de mostrar libremente tu imaginación.

317. La preparación es clave. Dedica tiempo a investigar y comprender el contexto antes de tomar decisiones delicadas, sobre todo si afectan a otras personas.

318. Confía en ti mismo y en tu capacidad para asumir nuevos desafíos.

319. Recorre España a través de sus paradores.

320. No evites la tentación de cantar en un Karaoke.

321. No te tomes demasiado en serio.

322. La inconsistencia forma parte de la vida, no te preocupes, se cura.

323. El éxito a costa de la integridad y de la familia es un fracaso.

324. Nunca estes lo suficiente ocupado para descuidar las pequeñas cosas, probablemente importantes.

325. Vive en lugares que te resulten conveniente para tu trabajo. En los traslados ganaras calidad de vida.

326. No te preocupes por lo que los demás piensen de ti.

327. Llora y ríe en el cine. La pena y la risa compartida siempre es más liberadora.

328. Recorre Europa, en tren, en bicicleta, andando, en coche o en avión, como sea. Descubre sus lugares y cultura.

329. Descubre el cine clásico. Que te sirva de inspiración.

330. Mantente fiel a ti mismo, actúa en consecuencia y no te arrepientas. Te sentirás más feliz.

331. Haz lo que amas, no lo que te digan que debes amar.

332. No tengas miedo de hacer el ridículo alguna vez, la gente olvida rápido.

333. Arréglate las uñas con frecuencia.

334. Organiza tus citas en torno a un buen desayuno.

335. No temas reírte de ti mismo, te hará más feliz y auténtico.

336. Pon pasión en lo que haces, eso te impulsará en todos los momentos y te motivará para continuar.

337. Dentro de veinte años estarás más decepcionado por las cosas que no hiciste que por las que sí hiciste. Explora, sueña y descubre.

338. Lava en frio la ropa que se debe lavar en frio y la blanca separada de la de color.

339. Evita la secadora.

340. No rehúyas nunca un buen consejo, más si viene de una persona que te quiere.

341. Visita con frecuencia Paris, Nueva York y Londres.

342. No subestimes el poder de tu instinto.

343. Limpia y cuida tus zapatos con frecuencia.

344. Sé autentico, aunque no le gustes a todo el mundo.

345. Sé consciente de que muchas veces no harás lo que quieres hacer, sino lo que debes hacer.

346. No te preocupes por lo que otros hacen mejor que tú, concéntrate en mejorar sin mirar a los demás.

347. La cortesía es tanto un rasgo de educación como de valor, practícala.

348. Ten un zapatero y un modista de confianza.

349. La mejor manera de desmontar cualquier prejuicio es sonreír.

350. Se auténtico, la mejor versión tuya eres tú mismo.

351. Expresa tus opiniones honestamente, toma decisiones que se alineen con tus valores y defiéndelos con pasión.

352. Defiende a cualquier mujer como lo harías con tu hermana.

353. Asiste al menos una vez en tú vida a un espectáculo en Broadway.

354. "En el árbol pelado no anidan los pájaros". Tendrás que crear el entorno positivo y adecuado para para alcanzar tus metas.

355. Visita cuantas veces puedas el Prado, el Metropolitan y el Moma en Nueva York, el Británico en Londres, el Hermitage en San Petersburgo, la Galería de los Uffizi en Florencia, el Art Institute en Chicago y el Rijksmuseum en Ámsterdam.

356. El sol es vida, aprovecha al máximo la luz natural.

357. Un hombre inteligente nunca presume de lo que ha leído y sabe alejarse convenientemente de quien presume de lo mucho que ha leído y lo más cerca que le ha visto de un libro es ojeando un catálogo de IKEA.

358. El mejor jugador es el que pone su talento al servicio de los demás.

359. No temas perder el tiempo, puede acabar siendo el tiempo más productivo. Nunca se sabe cuándo llegan las mejores ideas.

360. Valora a todas las personas y trata a todos con respeto. Sé cortés con todas las personas, incluso si son simplemente unos gilipollas groseros, eso te hace mejor persona y más paciente.

361. La lluvia es solo un problema para quien no quiere mojarse. Acepta y adáptate a las circunstancias en lugar de resistirte a ellas.

362. Antes de romper un silencio procura que tus palabras sean mejor que este.

363. Tu familia, empezando por tu pareja, es el mejor equipo que podrás tener.

364. Aprende a pescar.

365. Atesora catálogos de las exposiciones que visites.

366. Viajar es una cura contra la estupidez.

367. No tengas miedo de desprenderte de cosas.

368. Vive en el extranjero varios años de tu vida, es una de las mejores experiencias que podrás vivir y más te enseñará de ti.

369. Esquía, una emoción difícil de superar que te permitirá disfrutar de la libertad de evadirte y descubrir lugares espectaculares.

370. En ninguna circunstancia justifiques lo que no tiene justificación.

371. No merece la pena llorar por quien no te hacia reír.

372. Evita contar chistes, menos de manera constante, en general solo enmascaran traumas reprimidos siendo estos una manera de enfrentarlos.

373. Siente siempre orgulloso de los logros de las personas a las que quieres. Eres parte de ellos.

374. Las matemáticas te permiten una mejor comprensión del mundo.

375. Los niños aprenden por imitación. Educa con el ejemplo.

376. Agradece con frecuencia a tu pareja que apoye tus proyectos.

377. Impulsa y respalda la carrera profesional de tu pareja

378. Perdónate por equivocarte, no por no esforzarte.

379. El que no te quiere como eres no te merece.

380. No hagas juicios rápidos. Aparte de ser un rasgo de sabiduría e inteligencia, dice mucho más sobre la persona que los hace que sobre la persona que está siendo juzgada.

381. El éxito y la felicidad son silenciosas.

382. Muestra siempre caballerosidad y educación, es preferible ser calificado de machista que molestar por descortés.

383. Acompaña a una mujer a casa, no porque se vaya a encontrar un Gruffalo, sino porque son buenos modales que no deben ser mal interpretados.

384. Asiste a los funerales.

385. El tiempo es un recurso único y limitado, aprovéchalo.

386. Lee el periódico, mejor varios, a diario.

387. Tu felicidad, es un reflejo de tu día a día.

388. La educación te proporcionara habilidades y confianza para manejar tu vida, planificar y responder a retos que de otra manera que serían inconvencibles.

389. Vivimos en una cultura de masas hedonista, individualista e infantil, sé critico contribuyendo a mejorarla.

390. Cuanto más presumes de lo que careces, más quedaras en evidencia.

391. Ningún jugador es mejor que el equipo unido.

392. Un apretón de manos es una combinación de sincronización y técnica que solo se aprende con la práctica.

393. Te irás de casa buscando la isla del tesoro, pero sé que volverás.

394. Recuerda, sin esfuerzo no hay progreso.

395. Aceptar las cosas tal como vengan es parte de la felicidad.

396. Escribir a mano, el silencio, los libros usados, las flores frescas y lo sencillo, son elegantes.

397. Alguna vez tendrás que ir más lento, pero nunca hacia atrás.

398. Aprovecha cada oportunidad para explorar nuevos campos y descubrir tus pasiones. Busca expandir tus horizontes.

399. Sé proactivo en tu educación, toma la iniciativa y busca oportunidades de aprendizaje más allá de las aulas.

400. Mantén el tipo, el porte y la compostura a pesar de las circunstancias adversas.

401. Invierte en tu salud. Solo conocerás su valor cuando te falte.

402. Cuando viajes, recuerda que un país no está diseñado para que ti, adáptate a su cultura.

403. Descubrirás hasta donde puedes llegar cuando te enfrentes a obstáculos.

404. Ten tus propios gustos y opiniones, no te dejes llevar por las modas o pensamientos colectivos.

405. La educación y la amabilidad abren todas las puertas.

406. No te burles de una persona por como hable tu idioma. Recuerda que como poco, habla otro idioma.

407. Cuida tu caligrafía.

408. Ante los desengaños, elegancia y cero acritud frente a seres mezquinos, despreciables y ruines.

409. El trabajo se paga y tiene un valor. Recuérdalo al pedir algo o te lo pidan a ti.

410. Mantente al tanto de las tendencias, no necesariamente las sigas, busca oportunidades de innovación y adapta tu enfoque cuando sea necesario.

411. Cuando leas un buen libro o veas una buena película, recomiéndalos.

412. La ética debe ser un pilar en tu vida. Construye tu vida y negocios sobre principios éticos y toma decisiones que reflejen tus valores, incluso cuando te enfrentes a otros.

413. Interioriza que la mayoría de la gente, incluido tú, vive en un mar de fobias y de manías. Te ayudará a comprenderte mejor y a comprender a quien te rodea.

414. Alaba a los creadores, aunque no te guste la obra: la imaginación y la creatividad son un tesoro.

415. El emprender implica asumir riesgos, hazlo de manera informada y calculada.

416. Hazte amigo del Museo Thyssen y del Museo del Prado.

417. Aprende de la historia, te enseñará a entender el presente y a prepararte para el futuro.

418. No pierdas el tiempo tratando de parecerte a otros.

419. Ser un caballero poco tiene que ver con la heráldica, el linaje o la clase social. Hacerlo, es lo mismo que pensar que un caballero es un hombre que viste de esmoquin, baila el tango, bebe champán para desayunar y juega al tenis.

420. Haz fotografías. Es gratificante, te proporciona otra perspectiva, te permite atesorar recuerdos y puede ser fuente de inspiración.

421. Un creador es un creativo con poder.

422. Una cosa es lo que vendes, otra lo que te compran.

423. Huye de los estereotipos, no suelen ser ciertos.

424. La matemáticas te permitirán desarrollar el pensamiento analítico, la agilidad mental y la curiosidad.

425. Las primeras impresiones importan. Transmitir una imagen inadecuada, que no falsa, puede acabar con que se escape el amor de tu vida o ese puesto de trabajo soñado, divertido y bien pagado

426. Una sonrisa amistosa y saludable, comunica calidez y entusiasmo.

427. Aprende a vestir de manera correcta a cada ocasión, dará a la gente una idea de quién eres. Un hombre discreto con estilo.

428. Aprende a planchar.

429. Nunca sueñes con el éxito, trabaja para lograrlo.

430. El vestir excesivamente casual o el desaliño como una pretendida manera de transmitir que tienes cosas más importantes en que pensar que en como vestirte, no te hace más interesante y autentico, siendo en muchos casos, una falta de sentido de la oportunidad y de respeto hacia los demás.

431. Usa pijama.

432. Aprende a pasar desapercibido, es la más exquisita forma de elegancia.

433. Ponle música a tu vida.

434. Si tu inspiración, que justifica "tu· mensaje de autenticidad" son los emprendedores de Silicon Valley, te recuerdo, aparte de que no eres uno de ellos, que en la mayoría de los casos son unas personas asociales que en muchos casos sí tienen otras cosas en la cabeza, fundamentalmente lidiar con sus traumas.

435. La moda es para gente sin criterio o personalidad o escaladores sociales mal orientados. El estilo representa autenticidad, personalidad propia, hacer las cosas de una determinada manera, correcta o no.

436. Eres reflejo de las personas con quien pasas más tiempo, elígelas sabiamente.

437. En una comida, no permitas ser abandonado por tu acompañante por la concentración o adrenalina que requiere para fotografiar compulsivamente el plato que aparece en la mesa, aunque sea el chupar una hoja de limonero evocando el sol a media tarde en Denia en Julio del 88.

438. Las aventuras espontáneas te traerán momentos extremos de alegría, búscalas.

439. Descubre el mundo a través de las aventuras de Tintín, busca tesoros, descubre países, derroca dictaduras y visita la luna.

440. En tu casa rodéate de color, arte, libros y recuerdos.

441. Tu hogar debe representarte. Si no te sientes identificado con él, siempre te como tener un intruso en casa.

442. Haz siempre la cama.

443. Quien bien te quiere te hará viajar.

444. Las actitudes negativas son veneno para tu salud.

445. No seas el último en irte de una fiesta.

446. No hay nada mejor que mirar como come una persona, investigar en su nevera, baño o, armario o descubrir su colección de libros y discos para realizar asunciones sobre tu interlocutor.

447. Viajar te enseñara cosas sobre ti.

448. Vuelve a Lego House en Billund, Dinamarca.

449. En muchos casos sentirás que la vida es más fácil cuando vives en el extranjero. Donde nadie te conoce y tienes el control de tu vida.

450. La huella más importante que dejas en este mundo son tus hijos.

451. Cómo tratas a los mayores y a los niños habla de quién eres.

452. No le des a tus hijos un libro que no leerías.

453. No permitas un amor destructivo.

454. No midas tu riqueza por el dinero que tienes, mídela por aquellas cosas que tienes y que no cambiarías por dinero.

455. El mayor riesgo es no asumir riesgos.

456. Las cosas que amamos hablan de nosotros.

457. La buenas ideas se vuelven mejores al trabajarlas.

458. Todo lo bueno tiene inicio y no tiene por qué tener fin.

459. Aquellos que tienen poco que decir hablan a gritos. Modera siempre tu tono de voz.

460. Si nunca pierdes, no disfrutarás la felicidad de la victoria.

461. Las pequeñas oportunidades son el comienzo de grandes empresas.

462. Trabaja tanto el contenido como las formas de tus presentaciones. Sé consistente, innovador, simple y, creativo.

463. Nunca lograrás la felicidad a menos que te guste lo que estás haciendo.

464. El conocimiento existe para ser compartido.

465. No te burles de los demás, tarde o temprano acabaras mostrando tú mismo tu imbecilidad e incompetencia en muchas cuestiones de la vida.

466. La mejor manera de empezar algo es dejar de hablar y empezar a hacer.

467. Nunca inicies una pelea, pero puedes terminarla.

468. No aprenderás nada escuchándote a ti mismo hablar. Escucha más que hables.

469. La reputación que puedes construir en años puede ser destruida en cinco minutos, se consciente.

470. Rodéate de personas que te hagan mejor.

471. Todo lo complejo debe poder explicarse de manera sencilla, sino no funcionara.

472. Las personas valoraran lo que haces y porque lo haces.

473. Trata de encontrar siempre al armonía entre el análisis y la intuición.

474. Aprende a valorar el buen café, las buenas conversaciones y los buenos amigos.

475. Si no sabes algo reconócelo.

476. La educación se trata de hacer las cosas bien.

477. El humor y la ironía son potentes herramientas para mostrar tus opiniones.

478. Puedes aprender más de una persona por lo que dice de los demás que por lo que los demás dicen de ella.

479. Todas las oportunidades condicionan nuestra vida, especialmente las que no tomamos.

480. Llamar a alguien gordo no te hace estar más delgado, llamar a alguien estúpido no te hace más inteligente y criticar no te hará más feliz.

481. Esfuérzate por estar libre de prejuicios.

482. El hecho de que aún no hayas descubierto tu talento no quiere decir que lo tengas.

483. Crea una biblioteca que sea tu paraíso.

484. Escribe cartas.

485. No trates de complacer a todo el mundo, no funciona y te genera un estrés innecesario.

486. Apoya a las pequeñas empresas.

487. Domina la tecnología, no dejes que ella te domine a ti.

488. Esfuérzate y se cuidadoso con tu ortografía y gramática.

489. Si vas a escribir, juega con las palabras extendiendo tu vocabulario.

490. Aprende cuantos idiomas puedas. Nunca serán suficientes.

491. Cuando vayas hacer un trabajo en el colegio y en la universidad, sé creativo. Huye de hacer lo que todos hacen, innova.

492. Piensa en experiencias, no en productos.

493. La cultura es una fuente infinita de inspiración. Mantente al tanto de las tendencias, libros, música, películas, exposiciones... Lo inesperado puede inspirar grandes ideas.

494. Trata de humanizar todos tus proyectos.

495. Desafía lo convencional. No tengas miedo de romper las reglas y desafiarlas.

496. Sé consciente del poder de las historias cuando construyas tus proyectos.

497. Colabora y aprende cuanto puedas de diseñadores, artistas y creativos. Te traerá grandes perspectivas y frescura para tus ideas.

498. Sorprende a tus seres queridos de vez en cuando con algo inesperado.

499. En el alquiler recuerda que es mejor un piso vacío que un mal inquilino.

500. Aprende a hacer pasta como un italiano, sushi como un japonés y tortilla como un español.

501. La vida está llena de serendipias, disfrútalas.

502. Corre aventuras y explora el mundo. Amplia tus horizontes, desde las islas Galápagos, al Cañón del Colorado, pasando por supuesto por dejarte seducir por la luz mágica de las auroras boreales.

503. Fracasa rápido, pronto y con frecuencia. Eso te enseñará cientos de cosas y te descubrirá buenas oportunidades.

504. Descubre tus raíces.

505. Recuerda que el éxito puede ser un pésimo maestro. Nunca pierdas la conexión con la realidad.

506. Sé un persona difícil de enamorar.

507. La felicidad no radica en la ausencia de problemas.

508. Antepón tu conciencia a tu reputación.

509. Si amas a alguien, muéstraselo con frecuencia.

510. Sumérgete en museos corporativos que te permitirán descubrir historias extraordinarias y ampliar tu cultura. Museo Porsche, Fondation Louis Vuitton, Museum of Failure, Museé Omega, entre otros.

511. El mundo cambia, la sociedad evoluciona y tú te tendrás que adaptar de manera flexible y dinámica a nuevas realidades.

512. Una promesa es una promesa, ya sea en la vida personal o en el entorno de la empresa, cumplir las promesas importa y romperlas deja una huella.

513. Sin el conocimiento de la tierra donde libres tus batallas, es poco probable que alcances la victoria. Prepárate.

514. No reveles todos tus virtudes, talentos y secretos de inmediato. Haz que descubrirte sea como resolver un enigma.

515. Es más difícil juzgarse a uno mismo que juzgar a los demás.

516. La humildad es el reconocimiento de tus limitaciones.

517. Corre la San Silvestre y si tienes la ocasión la maratón de Nueva York Val menos una vez en tu vida.

518. Establece metas ambiciosas que generen logros sobresalientes.

519. Desarrolla un sentido del humor único y encantador. Las personas se enamoran de alguien que las hace reír.

520. La empatía siempre suma puntos.

521. Disfruta una opera en el Teatro Real, la Escala de Milán y, el Metropolitan Opera House de Nueva York.

522. Nunca aceptes chantajes emocionales.

523. Eres lo que escribes, revísalo al detalle. Las ortografía y la falta de estilo no hablara bien de ti.

524. La historia te proporciona un sentido de identidad al tiempo que te permite desarrollar un espíritu analítico y crítico.

525. Trata de expresar y compartir tus emociones con pocas reservas a las personas que quieres; lo que se guarda se acaba pudriendo.

526. Aburrirse es normal. Aprende a hacerlo.

527. Aléjate de los ignorantes orgullosos, que hablan con contundencia y arrogancia sobre todo sin saber de apenas nada.

528. La educación es el arma más efectiva contra la vulgaridad.

529. Camina descalzo sobre la hierba.

530. Pensar es duro, no hacerlo es aún más duro.

531. No permitas que nadie arruine tu autoestima, ni siquiera tú mismo.

532. Cuando viajes sumérgete en la historia y cultura de los lugares que visites.

533. El mejor jefe es el que más libertad da.

534. Trabaja un tiempo mientras estudias en una librería o biblioteca.

535. La estabilidad y riqueza sin libertad valen poco.

536. Invierte en buena ropa cama, buenas almohadas y un buen sacacorchos.

537. Descubre los principales trucos caseros y de la abuela, para quitar manchas, ropa más blanca o desatascar tuberías. Te facilitaran la vida.

538. Antes de ponerte en manos de la tecnología aprende hacerlo por ti mismo.

539. Aprende a escribir con pluma.

540. El trabajo sólo adquiriere significado y dirección si tiene un propósito.

541. Antepón siempre un restaurante con mantel frente a uno sofisticado mal entendido.

542. Aprende a mantener las distancias al tratar y ser tratado.

543. El negro aparte de un color es un estado del alma, no abuses de su uso.

544. Las formas simples y los diseños básicos no son aburridos.

545. No importa de quien sea la idea, si es buena impúlsala y hazla crecer.

546. Te acordaras de los besos que no diste, los sueños que no cumpliste y los momentos que perdiste.

547. Una compañera de viaje adecuada te hará más corto y feliz el camino.

548. La cortesía se trata de ser siempre amable, honesto y considerado.

549. En muchas ocasiones las palabras más sencillas son las mejores.

550. Nunca mastiques chicle.

551. Tu tono de voz comunica sobre ti, préstale atención.

552. No te dejes controlar por el teléfono.

553. La persona con la que estás debe tener preferencia sobre la persona que te llama al teléfono.

554. No publiques nada en redes sociales que el resto del mundo no quieras que conozca.

555. Muéstrate siempre agradecido con los detalles y los esfuerzos de los demás.

556. El actuar en base a tus valores te facilitara la vida.

557. Cocinar te ayudar a mejorar tu creatividad, tus habilidades sociales y tu salud.

558. Si estás enfadado, permanece en silencio.

559. Algunas veces conocerás la respuesta, pero te costará aceptarla.

560. La gente que quiera estar en tu vida siempre encontrara el camino,

561. Los ojos no mienten.

562. El conocimiento no se compra.

563. Ser normal es muy aburrido. Diviértete.

564. No estás libre de decir estupideces, pero no insistas en ellas.

565. La diversidad en tus amistades te enriquecerá y te ayudará a ser mejor persona.

566. El silencio es un signo de sabiduría.

567. La buena escuela la hacen los buenos profesores.

568. La suerte se desea, la feliz se obtiene con esfuerzo.

569. Nunca peques de un exceso de confianza, menos si se trata de algo que implique la vida humana.

570. Saber apartarse a tiempo es una lección que tendrás que aprender.

571. No porque sea barato debes aceptar la mediocridad o la fealdad.

572. En el proceso de tu educación, no te preocupes por no tenerlo todo resuelto o planificado. Los estudios son un viaje de autodescubrimiento, así que tómate tu tiempo para explorar tus pasiones y descubrir qué te apasiona.

573. El objeto más valioso de una casa es su luz.

574. Vivir es saber elegir, necesitaras buen juicio para hacerlo bien.

575. Haz de tus amigos tus maestros, aprovecha de sus virtudes para tu aprendizaje.

576. Valora más la calidad que la cantidad.

577. Nunca seas vulgar y aléjate de los que lo sean.

578. Descubre tus virtudes y saca provecho de ellas.

579. Huye de los conflictos, es un rasgo de inteligencia.

580. Sé observador, analiza, juzga, y entonces actúa.

581. Nunca te faltes el respeto.

582. Sin música la vida es aburrida. Crea tu propia banda sonora.

583. Cuanto más madures, menos seguro estarás de todo.

584. Debes saber decir que no.

585. Los detalles construyen proyectos únicos.

586. No alardees de tus éxitos.

587. Cuando tengas fortuna, prepárate para cuando no la tengas.

588. No está mal que te equivoques, si sabes rectificar.

589. No vivas en la Tierra como un inquilino, invierte en mejorarla.

590. Un maestro puede cambiar una vida.

591. Los negocios son un deporte de equipo.

592. El saber no es un don, sino fruto del esfuerzo

593. Emprende negocios que te permitan dormir.

594. Tener una gran biblioteca equivale a la posibilidad de pasarte el día viajando.

595. A mayor esfuerzo mayor premio.

596. Recuerda que algunas de las cosas más hermosas en la vida son inútiles y no por ello las dejas de apreciar.

597. Sé generoso.

598. Tu creatividad e imaginación son un regalo, aprovéchalos.

599. Aprecia las pequeñas cosas de la vida. Una puesta de sol, una conversación agradable, un buen postre o una sonrisa al recordar un momento. Son instantes que hacen la vida valiosa.

600. Nunca olvides cuánto te amo y cuánto disfruto el tiempo que pasamos juntos.

El Autor

Fernando Barrenechea (Madrid, 1970). Es primero padre, después empresario, estratega, profesor, escritor y otras tantas cosas. Trayectoria que le ha llevado a vivir experiencias, recorrer medio mundo, colaborar con cientos de personas, desarrollar proyectos de todo tipo, escribir historias, impartir horas de clase, leer libros, explorar museos y, tratar de vivir con arte. Lo anterior junto con la edad, le ha inspirado a compartir algunas de las lecciones de vida que le hubiera gustado recibir a él en su proceso de desarrollo vital.